DIE KREUZFAHRT
MEINES LEBENS

Name

....

Adresse

....

Die **Weite** des Ozeans macht die Sorgen klein.

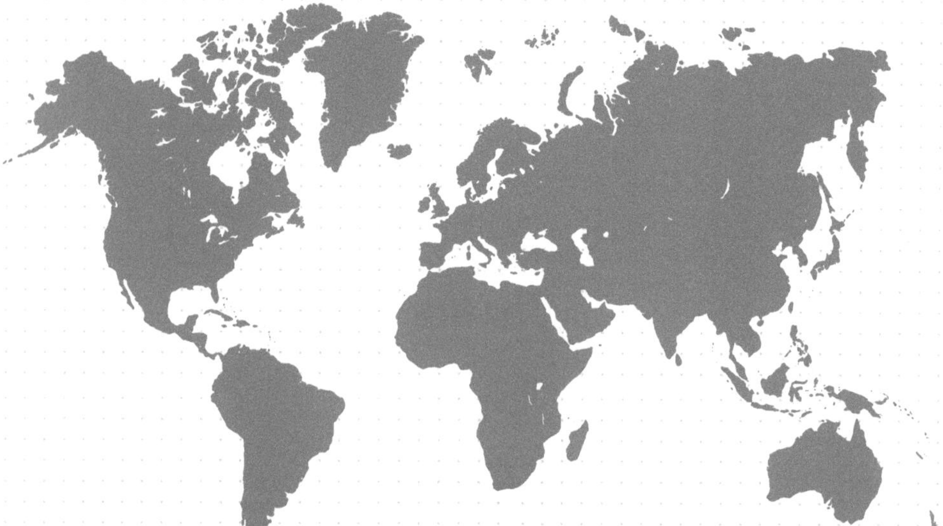

Zeichne die Kreuzfahrt Route ein

DIE KREUZFAHRT

Datum der Reise

-

....

Von ....
Nach ....

Wer reist mit mir?

....

....

....

....

....

Notizen:

....

....

....

MEINE PACKLISTE

Geld & Finanzen

☐ Auslandswährung   ☐

☐ Bargeld   ☐

☐ EC-Karte   ☐

☐ Kreditkarte   ☐

☐ Notfall - Telefonnummern   ☐

☐ Portemonee   ☐

Hygiene

☐ Haarbürste / Kamm   ☐ Sonnencreme

☐ Deo   ☐ Taschentücher

☐ Shampoo, Spülung etc.   ☐ Zahnbürste

☐ Haargummi   ☐

☐ Handcreme   ☐

☐ Kontaktlinsen + Zubehör   ☐

☐ Kulturtasche   ☐

☐ Labello   ☐

☐ Ohrenstäbchen   ☐

☐ Rasierer   ☐

☐ Schminkutensilien   ☐

☐ Abschminktücher   ☐

Kleidung/Shuhe

- ☐ Gürtel
- ☐ Badesachen
- ☐ Hosen / Shorts
- ☐ Mütze / Caps / Hüte
- ☐ Pullover
- ☐ Regenjacke
- ☐ Flip Flops
- ☐ Feste Schuhe
- ☐ Strandschuhe

- ☐ Schlafanzug
- ☐ Socken
- ☐ Unterwäsche
- ☐ T-Shirts
- ☐ Sonnenbrille
- ☐
- ☐
- ☐
- ☐

Medikamente

- ☐ Blasenpflaster
- ☐ Durchfalltabletten
- ☐ Erste - Hilfe - Set
- ☐ Fiebertabletten
- ☐ Herpescreme
- ☐ Mückenschutz
- ☐ Schmerzmittel
- ☐ Kaugummi/Tabletten gegen Übelkeit (Seegang)

☐
☐
☐
☐
☐
☐
☐
☐

MEINE PACKLISTE

Papiere & Unterlagen

☐ Adressliste für Postkarten   ☐ Unterlagen fürs Schiff

☐ Auslandskrankenversicherung   ☐

☐ Impfausweis   ☐

☐ Krankenversichertenkarte   ☐

☐ Personalausweis   ☐

☐ Reiseführer   ☐

☐ Reisepass   ☐

☐ Reisetagebuch   ☐

Taschen & Rucksäcke

☐ Bade-/Strandtasche   ☐

☐ Handtasche   ☐

☐ Koffer   ☐

☐ Kleidertasche   ☐

☐ Schutzhülle für Handy   ☐

☐ Tagesrucksacke   ☐

☐ Schultertasche   ☐

☐ Vakuumbeutel   ☐

Sonst so..

- ☐ Brille
- ☐ Buch / Zeitschrift
- ☐ Kofferanhänger
- ☐ Nähzeug
- ☐ Oropax
- ☐ Regenschirm
- ☐ Reisedecke
- ☐ Schlafbrille

- ☐ Wörterbuch
- ☐
- ☐
- ☐
- ☐
- ☐
- ☐
- ☐

Technische Ausrüstung

- ☐ Kamera mit Akku + Stativ
- ☐ Ebook Reader
- ☐ Akku fürs Handy
- ☐ Handy + Ladekabel
- ☐ Handyhülle, wasserdicht
- ☐ Kopfhörer
- ☐ Powerbank
- ☐ SD-Karte
- ☐ Selfie-Stick

- ☐
- ☐
- ☐
- ☐
- ☐
- ☐
- ☐
- ☐
- ☐

MEIN REISETAG

Datum

Seetag

bisher zurück
gelegte Seemeilen

Landtag

wohin es geht

wo wir sind

So verlief der Tag

Das essen war...

Das gab es zu essen...

....

....

....

....

Der Seegang heute ist:

STARK   MITTEL   KAUM SPÜRBAR

○   ○   ○

  # Notizen zum Tag:

....

....

....

....

MEIN REISETAG

.... Datum ....

○ **Seetag**

.... bisher zurück .... gelegte Seemeilen

○ **Landtag**

.... wohin es geht ....

.... wo wir sind ....

So verlief der Tag

....

....

....

....

....

....

....

....

....

....

....

....

....

☆ ☆ ☆ ☆ ☆

Das essen war...

Das gab es zu essen...

....

....

....

....

....

Der Seegang heute ist:

STARK   MITTEL   KAUM SPÜRBAR

○   ○   ○

  # Notizen zum Tag:

....

....

....

....

....

MEIN REISETAG

Datum

○ **Seetag**

bisher zurück
gelegte Seemeilen

○ **Landtag**

wohin es geht

wo wir sind

So verlief der Tag

Das essen war...

Das gab es zu essen...

....

....

....

....

Der Seegang heute ist:

STARK   MITTEL   KAUM SPÜRBAR

○   ○   ○

 # Notizen zum Tag:

....

....

....

....

MEIN REISETAG

Datum

Seetag

bisher zurück
gelegte Seemeilen

Landtag

wohin es geht

wo wir sind

So verlief der Tag

Das essen war...

Das gab es zu essen...

....

....

....

....

Der Seegang heute ist:

STARK   MITTEL   KAUM SPÜRBAR

○   ○   ○

 # Notizen zum Tag:

....

....

....

....

MEIN REISETAG

Datum

○ **Seetag**

bisher zurück
gelegte Seemeilen

○ **Landtag**

wohin es geht

wo wir sind

So verlief der Tag

Das essen war...

Das gab es zu essen...

....

....

....

....

....

Der Seegang heute ist:

STARK   MITTEL   KAUM SPÜRBAR

○   ○   ○

Notizen zum Tag:

....

....

....

....

MEIN REISETAG

Datum
....

○ **Seetag**

bisher zurück
gelegte Seemeilen
....

○ **Landtag**

....
wohin es geht

....
wo wir sind

So verlief der Tag

....

....

....

....

....

....

....

....

....

....

....

....

....

Das essen war...

Das gab es zu essen...

....

....

....

....

Der Seegang heute ist:

STARK   MITTEL   KAUM SPÜRBAR

 # Notizen zum Tag:

....

....

....

....

MEIN REISETAG

Datum

○ Seetag

bisher zurück
gelegte Seemeilen

○ Landtag

wohin es geht

wo wir sind

So verlief der Tag

....
....
....
....
....
....
....
....
....
....

Das essen war...

Das gab es zu essen...

....

....

....

....

Der Seegang heute ist:

STARK   MITTEL   KAUM SPÜRBAR

 # Notizen zum Tag:

....

....

....

....

MEIN REISETAG

Datum

◯ **Seetag**

bisher zurück
gelegte Seemeilen

◯ *Landtag*

wohin es geht

wo wir sind

So verlief der Tag

Das essen war...

Das gab es zu essen...

....

....

....

....

Der Seegang heute ist:

STARK   MITTEL   KAUM SPÜRBAR

            ○

 # Notizen zum Tag:

....

....

....

....

MEIN REISETAG

Datum

○ **Seetag**

bisher zurück
gelegte Seemeilen

○ **Landtag**

wohin es geht

wo wir sind

So verlief der Tag

☆ ☆ ☆ ☆ ☆

Das essen war...

Das gab es zu essen...

....

....

....

....

Der Seegang heute ist:

STARK   MITTEL   KAUM SPÜRBAR

○   ○   ○

 ## Notizen zum Tag:

....

....

....

....

MEIN REISETAG

Datum

○ **Seetag**

bisher zurück
gelegte Seemeilen

○ **Landtag**

wohin es geht

wo wir sind

So verlief der Tag

....

....

....

....

....

....

....

....

....

☆ ☆ ☆ ☆ ☆

Das essen war...

Das gab es zu essen...

....

....

....

....

....

Der Seegang heute ist:

STARK   MITTEL   KAUM SPÜRBAR

○   ○   ○

 ## Notizen zum Tag:

....

....

....

....

MEIN REISETAG

Datum

○ **Seetag**

bisher zurück
gelegte Seemeilen

○ **Landtag**

wohin es geht

wo wir sind

So verlief der Tag

Das essen war...

Das gab es zu essen...

....

....

....

....

Der Seegang heute ist:

STARK   MITTEL   KAUM SPÜRBAR

○   ○   ○

 # Notizen zum Tag:

....

....

....

....

MEIN REISETAG

Datum

○ **Seetag**

bisher zurück
gelegte Seemeilen

○ **Landtag**

wohin es geht

wo wir sind

So verlief der Tag

Das essen war...

Das gab es zu essen...

....

....

....

....

....

Der Seegang heute ist:

STARK   MITTEL   KAUM SPÜRBAR

 # Notizen zum Tag:

....

....

....

....

....

MEIN REISETAG

Datum

Seetag

bisher zurück
gelegte Seemeilen

Landtag

wohin es geht

wo wir sind

So verlief der Tag

Das essen war...

Das gab es zu essen...

....

....

....

....

Der Seegang heute ist:

STARK   MITTEL   KAUM SPÜRBAR

 # Notizen zum Tag:

....

....

....

....

MEIN REISETAG

Datum

○ **Seetag**

bisher zurück
gelegte Seemeilen

○ **Landtag**

wohin es geht

wo wir sind

So verlief der Tag

☆ ☆ ☆ ☆ ☆

Das essen war...

Das gab es zu essen...

....
....
....
....

Der Seegang heute ist:

STARK   MITTEL   KAUM SPÜRBAR
  ○   ○   ○

 # Notizen zum Tag:

....
....
....
....

MEIN REISETAG

....
Datum

○ **Seetag**

....
bisher zurück
gelegte Seemeilen

○ **Landtag**

....
wohin es geht

....
wo wir sind

So verlief der Tag

....

....

....

....

....

....

....

....

....

☆ ☆ ☆ ☆ ☆

Das essen war...

Das gab es zu essen...

....

....

....

....

Der Seegang heute ist:

STARK   MITTEL   KAUM SPÜRBAR

○   ○   ○

 # Notizen zum Tag:

....

....

....

....

MEIN REISETAG

Datum

○ **Seetag**

bisher zurück
gelegte Seemeilen

○ **Landtag**

wohin es geht

wo wir sind

So verlief der Tag

Das essen war...

Das gab es zu essen...

....

....

....

....

....

Der Seegang heute ist:

STARK   MITTEL   KAUM SPÜRBAR

○   ○   ○

 # Notizen zum Tag:

....

....

....

....

....

MEIN REISETAG

Datum

○ **Seetag**

bisher zurück
gelegte Seemeilen

○ **Landtag**

wohin es geht

wo wir sind

So verlief der Tag

Das essen war...

Das gab es zu essen...

....

....

....

....

....

Der Seegang heute ist:

STARK   MITTEL   KAUM SPÜRBAR

○   ○   ○

 # Notizen zum Tag:

....

....

....

....

....

MEIN REISETAG

Datum

○ **Seetag**

bisher zurück
gelegte Seemeilen

○ **Landtag**

wohin es geht

wo wir sind

So verlief der Tag

....
....
....
....
....
....
....
....

Das essen war...

Das gab es zu essen...

....

....

....

....

....

Der Seegang heute ist:

STARK   MITTEL   KAUM SPÜRBAR

○   ○   ○

 # Notizen zum Tag:

....

....

....

....

....

MEIN REISETAG

Datum

○ **Seetag**

bisher zurück
gelegte Seemeilen

○ **Landtag**

wohin es geht

wo wir sind

So verlief der Tag

....
....
....
....
....
....
....
....
....
....
....
....
....
....
....

Das essen war...

Das gab es zu essen...

....

....

....

....

....

Der Seegang heute ist:

STARK   MITTEL   KAUM SPÜRBAR

 # Notizen zum Tag:

....

....

....

....

MEIN REISETAG

Datum

○ **Seetag**

bisher zurück
gelegte Seemeilen

○ **Landtag**

wohin es geht

wo wir sind

So verlief der Tag

....
....
....
....
....
....
....
....
....

☆ ☆ ☆ ☆ ☆

Das essen war...

Das gab es zu essen...

....

....

....

....

....

Der Seegang heute ist:

STARK   MITTEL   KAUM SPÜRBAR

○   ○   ○

 ## Notizen zum Tag:

....

....

....

....

MEIN REISETAG

....
Datum

○ **Seetag**

....
bisher zurück
gelegte Seemeilen

○ **Landtag**

....
wohin es geht

....
wo wir sind

So verlief der Tag

....
....
....
....
....
....
....
....
....
....

☆ ☆ ☆ ☆ ☆

Das essen war...

Das gab es zu essen...

....

....

....

....

....

Der Seegang heute ist:

STARK   MITTEL   KAUM SPÜRBAR

 # Notizen zum Tag:

....

....

....

....

....

MEIN REISETAG

Datum
....

○ **Seetag**

bisher zurück
gelegte Seemeilen
....

○ **Landtag**

....
wohin es geht

....
wo wir sind

So verlief der Tag

....
....
....
....
....
....
....
....
....

Das essen war...

Das gab es zu essen...

....

....

....

....

Der Seegang heute ist:

STARK   MITTEL   KAUM SPÜRBAR

 # Notizen zum Tag:

....

....

....

....

MEIN REISETAG

Datum

○ **Seetag**

bisher zurück
gelegte Seemeilen

○ **Landtag**

wohin es geht

wo wir sind

So verlief der Tag

....

....

....

....

....

....

....

....

....

☆ ☆ ☆ ☆ ☆

Das essen war...

Das gab es zu essen...

....

....

....

....

Der Seegang heute ist:

STARK   MITTEL   KAUM SPÜRBAR

○   ○   ○

 ## Notizen zum Tag:

....

....

....

....

MEIN REISETAG

Datum

○ **Seetag**

bisher zurück
gelegte Seemeilen

○ **Landtag**

wohin es geht

wo wir sind

So verlief der Tag

Das essen war...

Das gab es zu essen...

....

....

....

....

Der Seegang heute ist:

STARK   MITTEL   KAUM SPÜRBAR

○   ○

 # Notizen zum Tag:

....

....

....

....

MEIN REISETAG

Datum

....

Seetag

bisher zurück
gelegte Seemeilen

Landtag

wohin es geht

wo wir sind

So verlief der Tag

Das essen war...

Das gab es zu essen...

....

....

....

....

Der Seegang heute ist:

STARK   MITTEL   KAUM SPÜRBAR

○   ○   ○

 # Notizen zum Tag:

....

....

....

....

MEIN REISETAG

Datum

○ **Seetag**

bisher zurück
gelegte Seemeilen

○ **Landtag**

wohin es geht

wo wir sind

So verlief der Tag

Das essen war...

Das gab es zu essen...

....

....

....

....

....

Der Seegang heute ist:

STARK   MITTEL   KAUM SPÜRBAR

○   ○   ○

 # Notizen zum Tag:

....

....

....

....

....

....

MEIN REISETAG

Datum

○ **Seetag**

bisher zurück
gelegte Seemeilen

○ **Landtag**

wohin es geht

wo wir sind

So verlief der Tag

....

....

....

....

....

....

....

....

....

....

....

....

☆ ☆ ☆ ☆ ☆

Das essen war...

Das gab es zu essen...

....

....

....

....

....

Der Seegang heute ist:

STARK   MITTEL   KAUM SPÜRBAR

○   ○   ○

 # Notizen zum Tag:

....

....

....

....

MEIN REISETAG

Datum
....

Seetag

bisher zurück
gelegte Seemeilen

Landtag

....
wohin es geht

....
wo wir sind

So verlief der Tag

....
....
....
....
....
....
....
....
....
....
....
....

Das essen war...

Das gab es zu essen...

....

....

....

....

....

Der Seegang heute ist:

STARK   MITTEL   KAUM SPÜRBAR

 # Notizen zum Tag:

....

....

....

....

MEIN FAZIT

Meine Kreuzfahrt Bewertung:

☆ ☆ ☆ ☆ ☆

Mein Highlight war:

....

....

....

....

Meine Lieblingsbeschäftigung war:

....

....

....

....

Da möchte ich noch mal hin:

....

....

Die besten Landgänge waren:

....

....

Das möchte ich noch los werden:

....

....

....

....

📷

Erinnerungsfoto

REISE NOTIZEN

Hier hast du Platz zu kritzel, malen, Fotos zu kleben...

Herstellung und Verlag:
BoD – Books on Demand, Norderstedt
ISBN: 978-3-7386-5357-1

IMPRESSUM

Bei Fragen & Anregungen:
feedback@mertens-publication.de

1. Auflage
2018 Mertens Verlagsgruppe
Mertens Ventures Ltd.
Tefkrou Anthia No 2 Office 301
6045 Larnaca
Zypern
E-Mail: kontakt@mertens-publication.de